© 2020, Vista Higher Learning, Inc.
500 Boylston Street, Suite 620.
Boston, MA 02116-3736
www.vistahigherlearning.com
www.loqueleo.com/us

© Del texto: 2017, Idan Ben-Barak
© De las ilustraciones: 2017, Julian Frost

Título original: *Do Not Lick This Book*
Publicado bajo acuerdo con Allen & Unwin Pty Ltd a través de
International Editors' Co.

Dirección Creativa: José A. Blanco
Director Ejecutivo de Contenidos e Innovación: Rafael de Cárdenas López
Editora General: Sharla Zwirek
Desarrollo Editorial: Lisset López, Isabel C. Mendoza
Diseño: Paula Díaz, Daniela Hoyos, Radoslav Mateev,
  Gabriel Noreña, Andrés Vanegas
Coordinación del proyecto: Brady Chin, Tiffany Kayes
Derechos: Jorgensen Fernandez, Annie Pickert Fuller
Producción: Oscar Díez, Sebastián Díez, Andrés Escobar,
  Adriana Jaramillo, Daniel Lopera, Daniela Peláez
Traducción: Isabel C. Mendoza

No lamas este libro
ISBN: 978-1-54332-906-3

Todos los derechos reservados. Esta publicación no puede ser reproducida, ni en todo ni en parte, ni registrada en o transmitida por un sistema de recuperación de información, en ninguna forma ni por ningún medio, sea mecánico, fotoquímico, electrónico, magnético, electroóptico, por fotocopia o cualquier otro, sin el permiso previo, por escrito, de la editorial.

Published in the United States of America

1 2 3 4 5 6 7 8 9 GP 25 24 23 22 21 20

No lamas este libro*

IDAN BEN-BARAK y JULIAN FROST

IMÁGENES CAPTADAS CON MICROSCOPIO
ELECTRÓNICO DE ALTA RESOLUCIÓN
por LINNEA RUNDGREN

TRADUCCIÓN
de ISABEL C. MENDOZA

 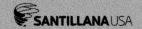

*ESTÁ LLENO DE GÉRMENES.

Ella se llama Mina.

Mina es un microbio. Es pequeña. Muy pequeña.
¿Puedes ver este punto?

•

Los microbios son tan pequeños que en ese
espacio podrían caber 3,422,167*.

*Un par de millones más, un par de millones menos

EN EL AIRE

EN TUS INTESTINOS

EN TU MEDIA

Los microbios viven en todas partes.

EN LAS TROMPETAS

EN LA ANTÁRTIDA

EN EL FONDO DEL MAR

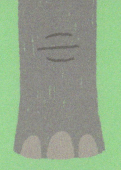

EN LAS RODILLAS DE LOS ELEFANTES

EN LA SIGUIENTE PÁGINA

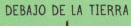

DEBAJO DE LA TIERRA

EN TU DESAYUNO

DENTRO DE ESTE PEZ

DENTRO DE LA NARIZ DE PAPÁ NOEL

EN LA CIMA DEL MONTE EVEREST

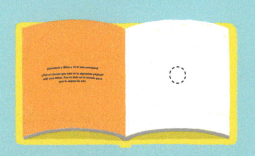

Mina vive en este libro.
Y si pudieras mirar

bien,

 bien

 de cerca...,

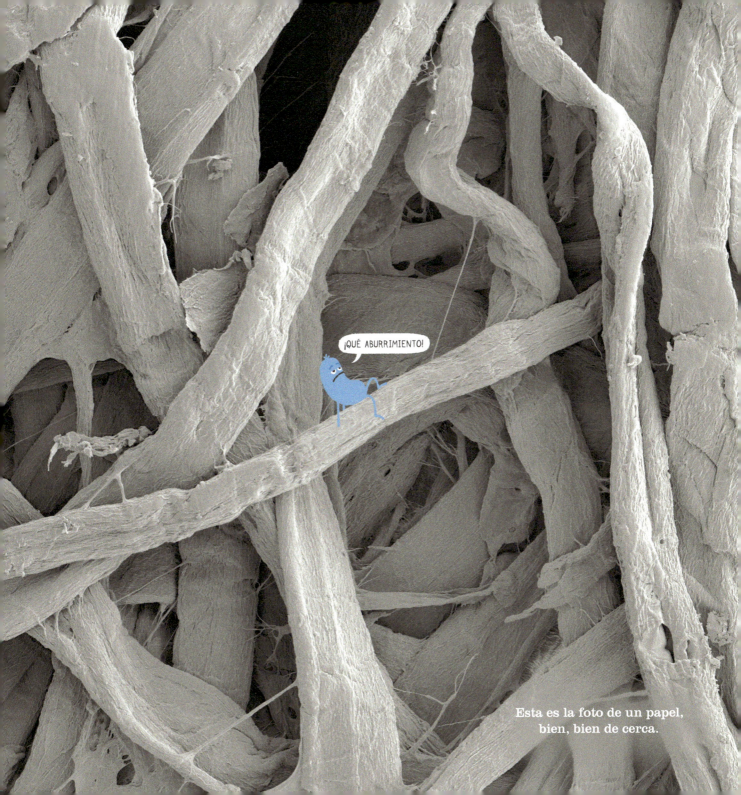

¡Llevemos a Mina a vivir una aventura!

¿Ves el círculo que está en la siguiente página?
Allí vive Mina. Pon tu dedo en el círculo para
que la saques de allí.

¡Ahora Mina está en tu dedo!

¿Adónde llevamos a Mina primero?

¡LLÉVAME A TUS DIENTES!

Está bien, vamos.

Abre la boca y, con cuidado, tócate los dientes delanteros con el dedo.

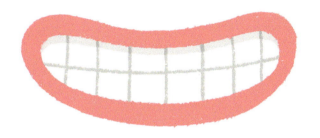

Ahora, miremos

bien,

bien

de cerca...

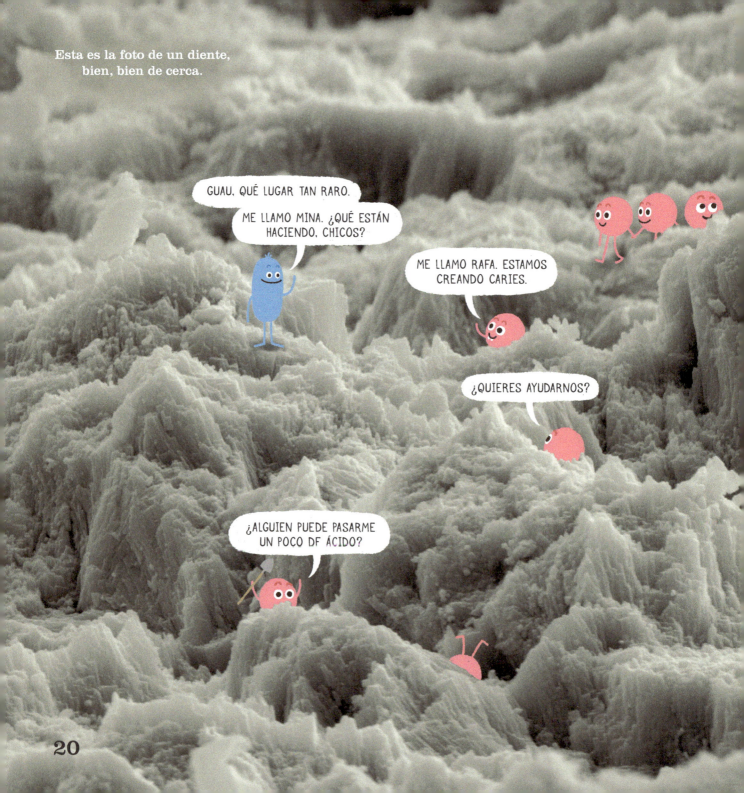

¡GUÁCALA! ¿NO LES HUELE A PASTA DE DIENTES?

¡OYE, NIÑO! NO TE CEPILLES TANTO LOS DIENTES.

¡Y COME MÁS CARAMELOS!

Los dientes son un lugar muy extraño cuando los miras bien, bien de cerca. Con razón que sea tan buena idea cepillarlos.

Es hora de llevar a Mina a una nueva aventura. Tócate los dientes para sacarla de allí.

Parece que Rafa se ha venido con nosotros.
¿Adónde vamos ahora?

Muy bien, vamos a explorar tu camiseta.

Pon el dedo sobre tu camiseta para enviar a Mina y Rafa a una nueva aventura.

Ahora, miremos

bien,

bien

de cerca...

Las camisetas son lugares muy extraños cuando las miras bien, bien de cerca. Con razón que sea tan buena idea lavarlas.

Es hora de llevar a Mina y Rafa a una nueva aventura. Tócate la camiseta para sacarlos de allí.

Parece que Denis se ha venido con nosotros.
Tenemos tiempo para hacer un viaje más.
¿Adónde vamos ahora?

Muy bien, ¡vámonos ya!

Ponte el dedo en el ombligo y frótalo.

Ahora, miremos

bien,

bien

de cerca...

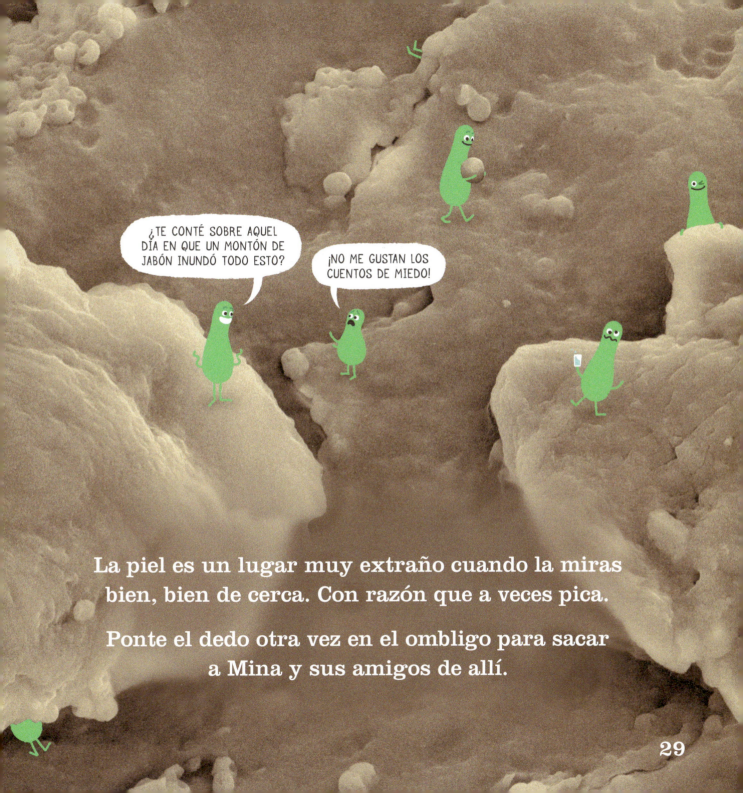

La piel es un lugar muy extraño cuando la miras bien, bien de cerca. Con razón que a veces pica.

Ponte el dedo otra vez en el ombligo para sacar a Mina y sus amigos de allí.

Pongamos a Mina y sus amigos
en este libro.

¡Este es un buen lugar!

Hay suficiente espacio para todos.

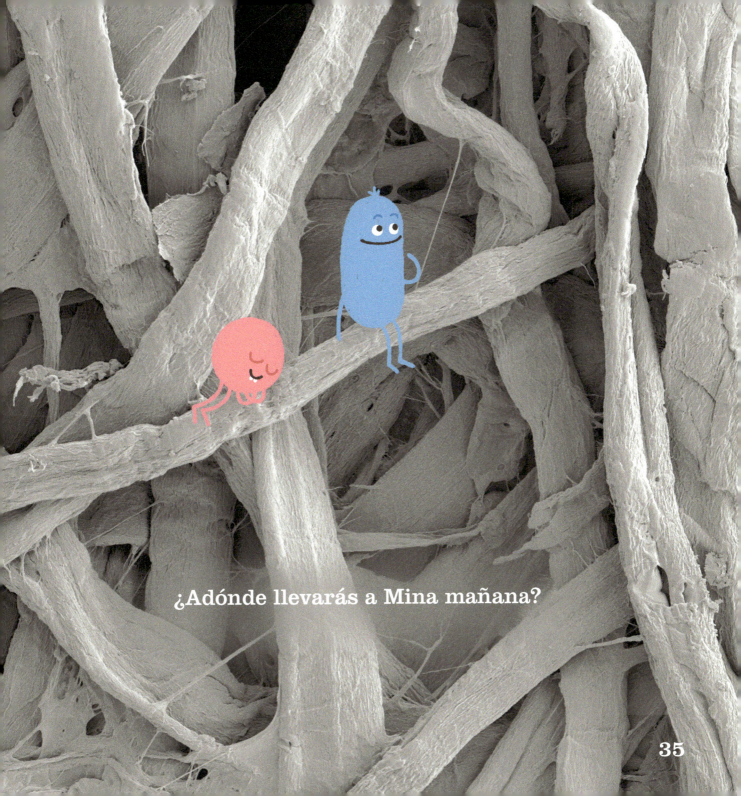
¿Adónde llevarás a Mina mañana?

¿Cómo lucen los microbios en la realidad?

Los microbios son tan pequeños que nadie sabía que existían hasta que se inventó el microscopio. Los hay de muchas formas raras, pero no tienen ni cara ni pies ni manos, y tampoco pueden hablar. ¡Lo sentimos mucho, Mina!

Mina es una *E. coli*

Las bacterias *E. coli* viven muy felices en tus intestinos, pero se pasan a otros lugares con mucha facilidad, especialmente cuando no te lavas bien las manos.

Rafa es un estreptococo

Los estreptococos viven en muchos lugares, incluyendo tu boca, donde comen azúcar y sueltan un ácido que puede disolver tus dientes.

Denis es un hongo

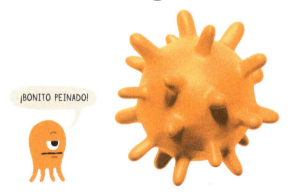

Su nombre verdadero es *Aspergillus niger*. Es posible que se te pegue cuando juegas en el parque.

José es una corinebacteria

Las corinebacterias viven en muchos lugares, incluyendo tu piel. Les encanta la suciedad.

¿Cómo lucen las personas que hicieron este libro?

IDAN BEN-BARAK
Idan escribió gran parte del texto. Por lo general, puedes encontrarlo en alguna biblioteca.
A veces piensa en voz muy alta.

JULIAN FROST
Julian hizo los dibujos. Le gustan los cómics y el pan tostado. Una vez animó un video que se llamaba *Maneras tontas de morirse*.

LINNEA RUNDGREN
Linnea tomó las fotos microscópicas. Usa aparatos sofisticados para mirar cosas muy diminutas o extremadamente enormes. Hay patrones por todas partes.